H. Gravelot delin.   Vivares Sculp.

LE
MÉCANISME
DU FLUTEUR
AUTOMATE,

Prefenté a Meffieurs de l'Académie Royale
des Sciences.

Par M. VAUCANSON, *Auteur de cette Machine.*

Aveo

La defcription d'un Canard Artificiel, mangeant, beuvant,
digerant & fe vuidant, épluchant fes afles & fes plu-
mes, imitant en diverfes manieres un *Canard* vivant.
Inventé par la mefme.

Et auffi

Celle d'une autre figure, également merveilleufe, jouant du
Tambourin & de la Flute, fuivant la relation, qu'il
en a donnée dépuis fon *Mémoire* écrit.

A PARIS,

Chez JACQUES GUERIN, Imprimeur - Libraire, Quai
des Auguftins.

ET SE VEND

Dans la Sale de dite figures Automates.

M. DCC. XXXVIII.

AVEC PERMISSION DU ROI.

LE
MÉCANISME
DU FLUTEUR
AUTOMATE,

Préfenté à Meffieurs de l'Academie Royale
des Sciences.

Par M. VAUCANSON, *Auteur de cette Machine.*

ESSIEURS,

MOINS fenfible aux applaudiffemens du Public, que jaloux
du bonheur de mériter les vôtres, je viens vous découvrir que
ce n'eft qu'en fuivant vos traces que je me fuis foûtenu avec
quelque fuccès dans la route que j'ai tenuë, pour l'exécution de
mon Projet. Vous allez reconnoître vos leçons dans mon Ouvrage. Il ne s'eft élevé que fur les folides principes de Mécanique, que j'ai puifés chez vous.

Je vous dois les réflexions que j'ai faites fur le fon des Inftrumens, fur la Mécanique, & fur les divers Mouvemens des
parties qui fervent à leur Jeu; celles que j'ai faites fur celui de
la Flute Traverfiere compoferont la premiere Partie de ce Me-
moire.

moire. Dans la seconde, j'aurai l'honneur de vous détailler les Pieces contenuës dans mon Ouvrage, leurs différens Mouvemens, & leurs Effet.

PREMIERE PARTIE.

Mon premier soin a été d'examiner d'abord l'embouchure des Instrumens à vent, de bien connoître de quelle maniere on pouvoit en tirer du son, les parties qui y contribuoient, & comment il pouvoit être modifié.

Vous sçavez, Messieurs, que l'embouchure d'une Flute Traversiere différe de celle des autres Instrumens à vent, tels que la Flute à bec, le Flageolet, & le Tuyau d'Orgue, en ce que dans celle de ces derniers, le vent introduit dans un trou étroit, mais déterminé, vient fraper les particules du Corps de l'Instrument, qui se trouvent immédiatement au-dessous ; sçavoir, le Bizeau: & par la promptitude de son retour, & sa réaction sur les particules qui l'environnent, il est obligé de souffrir une violente collision. Communiquant ainsi ses vibrations à toutes les particules du bois de la Flute, qui à leur tour les communiquent à tout l'air extérieur qui les environne, il produit en nous le sentiment du son.

Mais l'embouchure dans la Flute Traversiere est indéterminée, en ce qu'elle consiste dans l'émission du vent, par une issuë plus ou moins grande que forme l'éloignement ou la réünion des lévres, leur position plus ou moins proche du trou de la Flute, ou plus ou moins avancée sur le bord de ce même trou.

Toutes ces différences, que je réduis au nombre de quatre dans l'embouchure de la Flute Traversiere, la rendent, dans son Jeu, susceptible d'une infinité d'agrémens & de perfections, que n'ont pas les autres Instrumens à Vent, dont l'embouchure est déterminée ; ce que je ferai voir dans l'explication que je donnerai plus bas de ces différens Mouvemens.

Le Son étant produit d'abord par les vibrations de l'air & des particules du Corps de la Flute, n'est déterminé que par la vitesse ou la lenteur de ces mêmes vibrations. Sont-elles obligées de se continuer, en tems égal, dans une plus grande quantité de particules du Corps frapé ? plus elles perdent de leur Mouvement, & par conséquent de leur vitesse ; & ainsi devenant plus lentes dans le même tems, elles produisent un Son

moins

moins vif: ce qui fait les Tons graves, autrement les Tons
bas.

C'eſt ce qui arrive lorſque tous les trous de la Flute ſont bouchés. Les vibrations dans leur origine qui ſe trouvent préciſé-
ment au trou de l'embouchure, ſont obligées de ſe communiquer à toutes les particules du bois dans un même tems: elles
ſe trouvent donc ſubitement ralenties, puiſque leur force ſe
trouve infiniment partagée: la Flute donnera donc le ton le
plus bas.

Ouvre-t'on le premier trou du bas de la Flute? les vibrations
trouvent plûtôt une iſſue, qui interrompt leur continuation
dans le reſte des particules du corps de la Flute: Elles en ont
donc moins à frapper (le tuyeau étant racourci par l'ouverture
du trou): Perdant ainſi un peu moins de leur force, puiſqu'il
ſe trouve moins de particules avec qui elles ſoient obligées de
ſe partager, elles auront un peu plus de viteſſe; elles ſeront
plus promptes dans le même tems, elles produiront un ſon
moins grave, & ce ſera un ton au-deſſus. Les autres tons
hauſſeront par gradation, à meſure qu'on débouchera les trous
ſupérieurs.

Quand on ſera parvenu à déboucher le trou qui ſe trouve le
plus près de l'embouchure, pour lors ce trou partageant l'éſ-
pace intérieur de la Flute en deux parties égales, les vibrations trouveront une iſſue dans le milieu du chemin qu'elles auroient à faire pour ſe continuer juſqu'au bout du tuyeau; elles
ſortiront donc avec la moitié plus de leur force & de leur viteſſe, ayant la moitié moins de particules avec qui elles ſoient
obligées de ſe partager; elles produiront donc un ſon double,
& ce ſera l'octave. Mais comme une partie de ces vibrations
ſe communique toujours à l'autre moitié du corps de la Flute,
il faudra forcer un peu le vent pour produire dans ces vibrations des accélérations, qui ſuppléeront, par l'augmentation
de leur mouvement, à celles qui ſe perdent dans l'autre moitié
de la Flute: alors on aura une octave pleine. Ce ton ſe fait
auſſi en bouchant tous les trous de la Flute, comme dans celui
de la première octave: mais il faut doubler la force du vent,
pour produire les vibrations doubles dans tout le corps de la
Flute; ce qui revient au même.

C'eſt ce qui ſe pratique dans les tons de la ſeconde octave,
où la poſition des doits & l'ouverture des trous ſont les mê-

A 3   mes

mes que dans la premiere; on eſt obligé de donner le vent avec une double force, pour produire des vibrations doublées dans un même tems: alors tous les tons ſe trouveront doubles; c'eſt-à dire à l'octave, puiſque le ſon plus ou moins aigu conſiſte dans plus ou moins de vibrations en tems égal.

On ſera encore obligé de donner le vent avec une force triple pour former la triple octave; mais les vibrations ſi ſubitement redoublées, ne pouvant trouver une iſſue ſuffiſante dans le premier trou pour interrompre leur continuité dans le reſte du corps de la Flute, à cauſe de leur extrême viteſſe, on ſera obligé de déboucher pluſieurs trous dans le bas de la Flute; ainſi le tuyau devenant plus ouvert, les vibrations auront une iſſue plus grande, & on formera un ton plein & bien ouvert, ſans être obligé même de donner un vent tout-à-fait triple.

C'eſt par ces changemens d'ouvertures, différentes de celles qu'on eſt obligé de faire pour les tons naturels, qu'on donne une iſſue plûtôt ou plus tard, & plus ou moins grande pour former les ſemi-tons; ce qu'il faut faire auſſi dans les derniers tons hauts, où il faut donner une iſſue plûtôt, & plus grande, pour que les vibrations ne perdent pas de leur viteſſe en ſe communiquant à trop de particules du corps de la Flute.

Il ne reſte plus qu'à voir comment le vent ſe trouve modifié; quelles ſont les parties qui contribuent à l'envoyer avec plus ou moins de force dans une perſonne vivante.

La preſſion des muſcles pectoraux ſur les poûmons force l'air de ſortir des veſſicules qui le renferment. Arrivé juſqu'à la bouche par le tuyau nommé Trachée artere, il en ſort par l'ouverture que forment les deux lévres appliquées ſur le trou de la Flute. Sa plus ou moins grande force depend premiérement de la preſſion plus ou moins grande des muſcles de la poitrine, qui le font ſortir de ſon réſervoir; ſecondement, de l'ouverture plus ou moins grande que forment les lévres à ſa ſortie: de ſorte que lorſqu'il eſt queſtion d'envoyer un vent foible, les muſcles agiſſent pour lors foiblement, & les lévres formant une large ouverture, il ſe trouve pouſſé avec lenteur; par conſéquent ſon retour produiſant des vibrations également lentes, & ralenties encore par leur communication à toutes les particules du bois de la Flute, il formera des tons bas.

Mais lorſqu'il ſera queſtion de monter à l'octave, c'eſt-à-dire de former des tons doubles, les muſcles agiront alors avec un

peu

peu plus de force, & les lévres en fe raproch:nt diminueront
tant foit peu leur ouverture, le vent comprimé plus fortement,
& trouvant une iffue plus petite, redoublera de viteffe & produira des vibrations doubles: on aura des tons doubles, c'eft-
à-dire à l'octave. A mefure qu'on voudra monter dans les tons
hauts, les mufcles agiront avec plus de force, & les lévres fe
rétreffiront proportionnellement, pour que le vent pouffe plus
vivement & forcé de fortir dans un même tems par une iffue
plus petite, augmente confidérablement de viteffe, & produife
conféquemment des vibrations accélérées qui formeront des tons
aigus.

Mais la Flûte traverfiere ayant (comme je l'ai déja dit (cette
différence d'avec les autres Inftrumens à vent, en ce que fon
embouchure eft indéterminée, les avantages qui en réfultent,
font de ménager le vent par le plus ou le moins d'ouverture des
lévres, & par leur pofition différente fur le trou de la Flûte,
& de pouvoir tourner la Flûte en dedans & en dehors. C'eft
par ces moiens qu'on peut enfler & diminuer les fons, faire le
doux & le fort, former des échos, donner enfin la grace, &
l'expreffion aux airs que l'on joue; avantages qui ne fe trouvent
point dans les Inftrumens où l'embouchure eft déterminée: ce
que je vais faire voir en expliquant la Mécanique de toutes ces
différentes opérations fur la Flûte traverfiere.

Le fon confiftant dans les vibrations de l'air, produites par
fon entrée dans la Flûte & par fon retour fur celui qui lui fuc-
-céde, fi par une pofition particuliere des lévres il entre dars toute la largeur du trou de la Flûte, c'eft-à dire, par la plus lon-
gue corde qui en eft le vrai diametre (ce qui fe fait en la tournant en dehors) il frappe alors une plus grande quantité de particules du bois, & à fon retour trouvant une iffue également
grande, il fe communique à une plus grande quantité d'air extérieur, & c'eft ce qui produit les tons forts.

Mais lorfqu'en tournant la Flûte en dedans, les lévres cou-
vrent plus de la moitié du trou, le vent entrant par un plus
petit trou, & ne pouvant retourner que par le même, pour fe
communiquer à l'air extérieur, il n'en peut frapper qu'une moindre quantité, & c'eft ce qui rend le fon foible; ces deux différences peuvent avoir plufieurs dégrés, qui dépendent des lévres
placées fur une plus grande ou plus petite corde du trou de la
Flûte, en la tournant plus ou moins en dehors, ou en dedans.   Lorf.

Lorſqu'il eſt donc queſtion d'enfler un ſon, on tourne d'abord la Flute en dedans, afin que les lévres s'avançant ſur le bord du trou, ne puiſſent laiſſer entrer ni ſortir qu'une petite quantité de vent, qu'on envoye alors foiblement pour produi-re un ſon foible; tournant enſuite inſenſiblement la Flute en de-hors, les lévres permettront une iſſue & un retour plus grand au vent, qu'on a ſoin de pouſſer avec plus de force, pour pou-voir ſe communiquer à une plus grande quantité d'air, & par-là augmenter le ſon ou diminuer de nouveau, en retournant in-ſenſiblement la Flute en dedans, comme dans la premiere opé-ration.

Toutes ces variations d'embouchure peuvent être faites dans un ſeul ton quelconque, ſoit dans le haut, ſoit dans le bas; parce que le vent, quoique pouſſé par différens degrés de vi-teſſe pendant ce même ton qu'on veut enfler ou diminuer, doit toujours être reglé pour produire les vibrations qui détermi-nent un tel ton: au commencement que le ſon ſera foible, par-ce qu'il frappera une plus petite quantité d'air extérieur, il ne laiſſera pas d'avoir des vibrations égales à celles qui ſeront pro-duites dans le milieu du ton où le ſon augmentera de force, parce qu'il ſe communiquera à une plus grande quantité d'air; les vibrations plus ou moins fortes, ne dépendant pas de leur viteſſe, mais de la quantité de parties qu'elles occupent & qu'elles mettent & mouvement.

Veut-on former un ſon foible en écho ? on place les lévres tout-à-fait ſur le bord du trou, en tournant beaucoup la Flute en dedans; le ſon ne pouvant alors ſe communiquer qu'à une très-petite quantité d'air extérieur, par un ſi petit trou, ſem-ble nous faire entendre un ſon lointain; en frappant foiblement notre organe.

Voilà des reſſources, qu'on ne peut trouver dans les Inſtru-mens, où l'embouchure eſt déterminée & invariable.

Il ne reſte plus qu'à expliquer le coûp de langue, qui eſt ab-ſolument néceſſaire pour le jeu de tous les Inſtrument à vent.

Le coup de langue n'eſt autre choſe qu'une courte interrup-tion du vent, cauſée par l'interpoſition du bout de la langue au paſſage que lui forment les lévres.

Voilà, MESSIEURS, quelles ont été mes réflexions ſur le ſon des Inſtrumens à vent, & ſur la maniere de le modifier. C'eſt ſur ces cauſes Phyſiques que j'ai eſſayé d'appuyer mes re-
cher-

cherches, en imitant une femblable Mécanique dans un Automate, à qui j'ai taché de faire produire un femblable effet en le
faifant joüer de la Flute. Les parties qui le compofent, leur
fituation, leur connexion & leurs effets, vont faire, comme
je me le fuis propofé, la feconde partie dè ce Mémoire.

SECONDE PARTIE.

La Figure eft de cinq pieds & demi de hauteur environ, as-
fife fur un bout de Roche, placée fur un pied d'eftal quarré,
de quatre pieds & demi de haut fur trois pieds & demi de
large.

À la face antérieure du pied d'eftal (le panneau étant ouvert)
on voit à la droite un mouvement, qui à la faveur de plufieurs
roües, fait tourner en deffous un axe d'acier de deux pieds fix
pouces de long, coudé en fix endroits dans fa longueur, par
égale diftance, mais en fens différens: a chaque coude font attachés des cordons, qui aboutiffent à l'extrémité des panneaux
fupérieurs de fix foufflets de deux pieds & demi de long, fur
fix pouces de large, rangés dans le fond du pied d'eftal, où
leur panneau inférieur eft attaché à demeure ; de forte que l'a-
xe tournant, les fix foufflets fe hauffent & s'abaiffent fucceffive-
ment les uns après les autres.

À la face poftérieure, au-deffus de chaque foufflet, eft une
double poulie, dont les diamétres font inégaux, fçavoir, l'un
de trois pouces & l'autre d'un pouce & demi ; & cela, pour
donner plus de levée aux foufflets, parceque les cordons qui y
font attachés vont fe rouler fur le plus grand diamétre de la
poulie, & ceux qui font attachés à l'axe qui les tire, fe roulent
fur le petit.

Sur le grand diamétre de trois de ces poulies, du côté droit,
fe roulent auffi trois cordons, qui par le moyen de plufieurs
petites poulies, aboutiffent aux panneaux fupérieurs de trois
foufflets placés fur le haut du bâti, à la face antérieure & fupérieure.

La tenfion qui fe fait à chaque cordon, lorfqu'il commence à
tirer le panneau du foufflet où il eft attaché, fait mouvoir un
lévier placé au-deffus, entre l'axe & les doubles poulies, dans
la région moyenne & inférieure du bâti. Ce lévier, par différens renvois, aboutit à la foûpape qui fe trouve au-deffous du

B   pan-

panneau inférieur de chaque foufflet, & la foutient levée, afin que l'air y entre fans aucune réfiftance, tandis que le panneau fupérieur, en s'élevant, en augmente la capacité. Par ce moyen, outre la force que l'on gagne, on évite le bruit que fait ordinairement cette foûpape, caufé par le tremblement que l'air lui fait faire en entrant dans le foufflet; ainfi les neuf foufflets font mûs fans fecouffe, fans bruit, & avec peu de force.

Ces neufs foufflets communiquent leur vent dans trois tuyaux différens & féparés. Chaque tuyau reçoit celui de trois foufflets; les trois qui font dans le bas du bâti, à droite par la face antérieure, communiquent leur vent à un tuyau qui regne en devant fur le montant du bâti du même côté, & ces trois là font chargés chacun d'un poids de quatre livres; les trois qui font à gauche dans le même rang, donnent leur vent dans un femblable tuyau qui regne pareillement fur le montant du bâti du même côté, & ne font chargés chacun que d'un poids de deux livres; les trois qui font fur la partie fupérieure du bâti, donnent auffi leur vent à un tuyau qui regne horifontalement fous eux & en devant; ceux-ci ne font chargés que du poids de leur fimple panneau.

Ces trois tuyaux, par différens coudes, aboutiffent, à trois petits réfervoirs placés dans la poitrine de la Figure. La, par leur réünion, ils en forment un feul, qui montant par le gofier, vient, par fon élargiffement, former dans la bouche une cavité terminée, par deux efpeces de petites lévres qui pofent fur le trou de la Flute; ces lévres donnent plus ou moins d'iffue au vent par leur plus ou moins d'ouverture, & ont un mouvement particulier pour s'avancer & fe reculer.

En dedans de cette cavité eft une petite languette mobile, qui par fon jeu peut ouvrir & fermer au vent le paffage que lui laiffent les lévres de la Figure.

Voilà par quel moyen le vent a été conduit jufqu'à la Flute. Voici ceux qui ont fervi à le modifier.

A la face antérieure du bâti à gauche, eft une autre mouvement, qui à la faveur de fon rouage, fait torner un cilindre de deux pieds & demi de long fur foixante-quatre pouces de circonférence; ce cilindre eft divifé en quinze parties égales, d'un pouce & demi de diftance.

A la face poftérieure & fupérieure du bâti eft un clavier trainant fur ce cilindre, compofé de quinze léviers très-mobiles, dont

dont les extrémités du côté du dedans sont armées d'un petit bec d'acier, qui répond à chaque division du cilindre.

A l'autre extrémité de ces léviers sont attachés des fils & chaînes d'acier, qui répondent aux différens réservoirs de vent, sont au nombre de trois, & leurs chaînes montent perpendiculairement derriere le dos de la Figure, jusques dans la poitrine où ils sont placés, & aboutissent à une soûpape particuliere à chaque réservoir ; cette soûpape étant ouverte, laisse passer le vent dans le tuyau de communication, qui monte, comme je l'ai déja dit, par le gosier dans la bouche.

Les léviers, qui répondent aux doigts, sont au nombre de sept, & leurs chaînes montent aussi perpendiculairement jusqu'aux épaules, & là, se coudent pour s'insérer dans l'avant-bras jusqu'au coude, où elles se plient encore pour aller le long des bras jusqu'au poignet, où elles sont terminées chacune par une charniere, qui se joint à un tenon que forme le bout du lévier contenu dans la main, imitant l'os que les Anatomistes appellent les du Métacarpe, & qui, comme lui, forme une charniere avec l'os de la premiere phalange, de façon que la chaîne étant tirée, le doigt puisse se lever.

Quatre de ces chaînes s'inserent dans le bras droit, pour faire mouvoir les quatre doigts de cette main, & trois dans le bras gauche pour trois doigts, n'y ayant que trois trous qui répondent à cette main.

Chaque bout de doigt est garni de peau, pour imiter la mollesse du doigt naturel, afin de pouvoir boucher le trou exactement.

Les léviers du clavier, qui répondent au mouvement de la bouche, sont au nombre de quatre: les fils d'acier qui y sont attachés forment des renvois, pour parvenir dans le milieu du rocher en dedans ; & là, ils tiennent à des chaînes, qui montent perpendiculairement & parallelement à l'épine du dos dans le corps de la Figure ; & qui passant par le col, viennent dans la bouche s'attacher aux parties, qui font faire quatre différens mouvemens aux lévres intérieures ; l'un fait ouvrir ces lévres pour donner une plus grande issue au vent ; l'autre la diminue en les rapprochant ; le troisiéme les fait retirer en arriere ; & le quatriéme les fait avancer sur le bord du trou.

Il ne reste plus sur le clavier qu'un lévier, où est pareillement attachée une chaîne, qui monte ainsi que les autres, & vient

B 3

about-

aboutir à la languette, qui se trouve dans la cavité de la bouche derriere des lévres, pour emboucher le trou, comme je l'ai
dit ci-desfus.

Ces quinze léviers répondent aux quinze divisions du cilindre
par les bouts où font attachés les becs d'acier, & à un pouce
& demi de distance les uns des autres ; le cilindre venant à
tourner, les lames de cuivre placées sur ses lignes divisées,
rencontrent les becs d'acier, & les soûtiennent levés plus ou
moins longues; & comme l'extrémité de tous ces becs forme
entr'eux une ligne droite, parallele à l'axe du cilindre, coupant
à angle droit toutes les lignes de division , toutes les fois qu'on
placera à chaque ligne une lame, & que toutes leurs extrémités formeront entr'elles une ligne également droite, & parallе-
le à celle que forme les becs des léviers, chaque extrémité de
lame (le cilindre retournant) touchera & soulevera dans le
même instant chaque bout de lévier; & l'autre extrémité des
lames formant également une ligne droite, & parallele à la premiere par leur égalité de longeur, chacune laisfera échapper
son lévier dans le même tems. On conçoit aisément par-là,
comment tous les léviers peuvent agir , & concourir tous à la
fois à une même opération, s'il est nécesfaire.

Quand il n'est besoin de faire agir que quelques léviers, on
ne place les lames qu'aux divisions où répondent ceux qu'on
veut faire mouvoir: on en détermine même le tems, en les
plaçant plus ou moins éloignées de la ligne que forme les becs:
on fait cesfer auffi leur action plûtôt ou plûtard en les mettant
plus ou moins longues

L'extrémité de l'axe du cilindre du côté droit est terminée
par une vis fans fin à fimples filets, distans entr'eux d'une ligne
& demie, & au nombre de douze; ce qui comprend en tout
l'efpace d'un pouce & demi de longueur, égal à celui des divi-
fions du cilindre.

Au-desfus de cette vis est une piece de cuivre immobile, fo-
lidement attachée au bâti, à laquelle tient un pivot d'acier d'une
ligne environ de diamétre, qui tombe dans une canelure de la
vis, & lui sert d'écrouë; de façon que le cilindre est obligé en
tournant de fuivre la même direction que les filets de la vis,
contenu par le pivot d'acier qui est fixe: ainfi chaque point du
cilindre décrira continuellement en tournant une ligne fpirale,
& fera par conféquent un mouvement progresfif, qui est de
droite à gauche.　　　　　　　　　　　　　　　　　　　　C'eft

C'eſt par ce moyen que chaque diviſion du cilindre, déterminée d'abord ſous chaque bout de lévier, changera de point à
chaque tour qu'il fera, puiſqu'il s'en éloignera d'une ligne &
demi, qui eſt la diſtance qu'ont les filets de la vis entr'eux.

Les bouts des léviers attachés au clavier reſtant donc immo-
biles, & les points du cilindre auſquels ils répondent d'abord,
s'éloignant à chaque inſtant de la perpendiculaire & formant
une ligne ſpirale, qui par le mouvement progreſſif du cilindre
eſt toujours dirigée au même point, c'eſt-à-dire, à chaque bout
de lévier ; il s'enſuit que chaque bout de lévier trouve à chaque inſtant des points nouveaux ſur les lames du cilindre, qui
ne ſe repétent jamais, puiſqu'elles forment entr'elles des lignes
ſpirales, qui font douze tours ſur le cilindre, avant que le premier point de diviſion vienne ſous un autre lévier, que celui
ſous lequel il a été déterminé en premier lieu.

C'eſt dans cet eſpace d'un pouce & demi qu'on place toutes
les lames, qui forment elles-mêmes les lignes ſpirales, pour
faire agir le lévier, ſous qui elles doivent toutes paſſer pendant
les douze tours que fait le cilindre.

A meſure qu'une ligne change pour ſon lévier, toutes les
autres changent pour le leur ; ainſi chaque lévier a douze lignes de lames de 64. pouces de diamétre, qui paſſent ſous lui,
& qui font entr'elles une ligne de 768. pouces de long. C'eſt
ſur cette ligne que ſont placées toutes les lames ſuffiſantes pour
l'action du lévier durant tout le jeu.

Il ne reſte plus qu'à faire voir comment tous différens mouvemens ont ſervi à produire l'effet que je me ſuis propoſé dans
cet Automate, en les comparant avec ceux d'une perſonne
vivante.

Eſt il queſtion de lui faire tirer du ſon de ſa Flute, & de former le premier ton, qui eſt le ré d'en bas ? Je commence d'abord
à diſpoſer l'embouchure ; pour cet effet, je place ſur le cilindre
une lame deſſous le lévier, qui répond aux parties de la bouche, ſervant à augmenter l'ouverture que font les lévres. Secondement, je place une lame ſous le lévier, qui ſert à faire
reculer ces mêmes lévres. Troiſiémement, je place une lame
ſous le lévier, qui ouvre la ſoûpape du réſervoir du vent qui
vient des petits ſoufflets, qui ne ſont point chargés. Je place
en dernier lieu une lame ſous le lévier, qui fait mouvoir la languette pour donner le coup de langue ; de façon que ces lames

venant

venant à toucher dans le même tems les quatre léviers, qui servent à produire les sufdites opérations, la Flute sonnera le ré d'en bas.

Par l'action du lévier qui sert à augmenter l'ouverture des lévres, imite l'action de l'homme vivant, qui est obligé de l'augmenter dans les tons bas.

Par le lévier qui sert à faire reculer des lévres, j'imite l'action de l'homme, qui les éloigne du trou de la Flute en la remuant en dehors.

Par le lévier qui donne le vent provenant des soufflets, qui ne sont chargés que de leur simple panneau, j'imite le vent foible que donne alors l'homme, vent qui n'est pareillement poussé hors de son réservoit, que par une légere compression des muscles de la poitrine.

Par le lévier qui sert à faire mouvoir la languette, en débouchant le trou que forment les lévres pour laisser passer le vent, j'imite le mouvement que fait aussi la langue de l'homme, en se retirant du trou pour donner passage au vent, & par ce moyen lui faire articuler une telle note.

Il résultera donc de ces quatre opérations différentes, qu'en donnant un vent foible, & le faisant passer par une issue large dans toute la grandeur du trou de la Flute, son retour produira des vibrations lentes, qui seront obligées de se continuer dans toutes les particules du corps de la Flute, puisque tous les trous se trouveront bouchés, & suivant le principe établi dans mes réflexions ci-dessus, la Flute donnera un ton bas; c'est ce qui se trouve confirmé par l'expérience.

Veux-je lui faire donner le ton au-dessus, sçavoir le mi, aux quatre premieres opérations pour le ré, j'en ajoûte une cinquiéme; je place une lame sous le lévier, qui fait lever le troisiéme doigt de la main droite pour déboucher le sixiéme trou de la Flute, & je fais approcher tant soit peu les lévres du trou de la Flute, en baissant tant soit peu la lame du cilindre, qui tenoit le lévier élevé pour la premiere note, sçavoir le ré. Ainsi donnant plûtôt aux vibrations une issue, en débouchant le premier trou du bout, suivant ce que j'ai dit ci-dessous, la Flute doit sonner un ton au-dessus; ce qui est aussi confirmé par l'expérience.

Toutes ces opérations se continuent à peu-près les mêmes dans les tons de la premiere octave, où le même vent suffit

pour

pour les former tous; c'est la différente ouverture des trous, par la levée des doigts, qui les caractérise: on est seulement obligé de placer sur le cilindre des lames sous les léviers, qui doivent lever les doigts pour former un tel ton,

Pour avoir les tons de la seconde octave, il faut changer l'embouchure de situation, c'est-à-dire, placer une lame dessous le lévier, qui contribue à faire avancer les lévres au-delà du diamétre du trou de la Flute, & imiter par-là l'action de l'homme vivant, qui en pareil cas tourne la Flute un peu en dedans.

Secondement il faut placer une lame sous le lévier, qui en faisant rapprocher les deux lévres, diminue leur ouverture; opération que fait pareillement l'homme, quand il serre les lévres pour donner une moindre issuë au vent.

Troisiémement, il faut placer une lame sous le lévier, qui fait ouvrir la soûpape du reservoir, qui contient le vent provenant des soufflets chargés du poids de deux livres; vent, qui se trouve poussé avec plus de force, & semblable à celui que l'homme vivant pousse par une plus forte compression des muscles pectoraux. De plus on place des lames sous les léviers nécessaires pour faire lever les doigts qu'il faut.

Il s'ensuivra de toutes ces différentes opérations, qu'un vent envoyé avec plus de force, & passant par une issue plus petite, redoublera de vitesse, & produira par conséquent les vibrations doubles, & ce sera l'octave.

A mesure qu'on monte dans les tons supérieurs de cette seconde octave, il faut de plus en plus serrer les lévres, pour que le vent, dans un même tems, augmente de vitesse.

Dans les tons de la troisiéme octave, les mêmes léviers qui vont à la bouche, agissent comme dans ceux de la seconde, avec cette différence, que les lames sont un peu plus élevées: ce qui fait que les lévres vont tout-à-fait sur le bord du trou de la Flute, & que le trou qu'elles forment devient extrémement petit. On ajoûte seulement une lame sous le lévier qui fait ouvrir la soûpape, pour donner le vent qui vient des soufflets les plus chargés, sçavoir, du poids de quatre livres. Par conséquent, le vent poussé avec une plus forte compression, & trouvant une issue encore plus petite, augmentera de vitesse en raison triple: on aura donc le triple octave.

Il se trouve des tons, dans toutes ces différentes octaves,

plus

plus difficiles à rendre les uns que les autres ; on eſt pour lors obligé de les ajuſter en plaçant des lèvres ſur une plus grande ou plus petite corde du trou de la Flute, en donnant un vent plus ou moins fort, ce que fait l'homme dans les mêmes tons, où il eſt obligé de ménager ſon vent, & de tourner la Flute plus ou moins en dedans ou en dehors.

On conçoit facilement que toutes les lames placées ſur le cilindre ſont plus ou moins longues, ſuivant le tems que doit avoir chaque note, & ſuivant la différente ſituation où doivent ſe trouver les doigts pour les former : ce que je ne détaillerai point ici, de crainte de paſſer les bornes d'un Mémoire concis, que je me ſuis propoſé de donner.

Je ferai remarquer ſeulement que dans les enflemens de ſon, il a fallu, pendant le tems de la même note, ſubſtituer imperceptiblement un vent foible à un vent fort, & à un plus fort, un plus foible, & varier conjointement les mouvemens des lèvres, c'eſt à-dire, les mettre dans leur ſituation propre pour chaque vent.

Lorſqu'il a fallu faire le deux, c'eſt-à-dire, imiter un écho, on a été obligé de faire avancer les lèvres ſur le bord du trou de la Flute, & envoyer un vent ſuffiſant pour former un tel ton ; mais dont le retour, par une iſſue auſſi petite, qu'eſt celle de ſon entrée dans la Flute, ne peut frapper qu'une petite quantité d'air extérieur : ce qui produit, comme je l'ai dit ci-deſſus, ce qu'on appelle écho.

Les différens airs de lenteur & de mouvement ont été meſurés ſur le cilindre, par le moyen d'un lévier, dont une extrémité armée d'une pointe pouvoit, lorſqu'on frappoit deſſus, marquer ce même cilindre.

A l'autre bras du levier étoit un reſſort, qui faiſoit promptement relever la pointe.

On lâchoit le mouvement, qui faiſoit tourner le cilindre avec une viteſſe déterminée pour tous les airs.

Dans le même tems une perſonne joüoit ſur la Flute l'air qu'on vouloit meſurer ; un autre battoit la meſure ſur le bout du lévier qui pointoit le cilindre, & la diſtance qui ſe trouvoit entre les points, étoit la vraie meſure des airs qu'on vouloit noter ; on ſubdiviſoit enſuite les intervales en autant de parties que la meſure avoit de tems.

La

La crainte de vous ennuyer, MESSIEURS, me fait paſſer ſur mille petits détails moins difficiles à ſuppoſer, que longs à faire; on en ſent la néceſſité à la ſeule inſpection de la machine, comme je l'ai ſentie dans l'exécution.

Après avoir puiſé dans vos Mémoires, les principes qui m'ont guidé, je ſerois ſatisfait, MESSIEURS, ſi j'oſois me flater de vous en voir reconncître une aſſez heureuſe application dans l'exécution de cet Ouvrage. Je trouverai dans l'approbation que vous daignerez lui donner, le plus glorieux prix de mon travail, & j'acquérerai de nouvelles forces dans un eſpoir encore bien plus flateur, qui fait mon unique ambition.

C   E X-

EXTRAIT

Des Régiſtres de l'Académie Royale des Sciences.

Du 30. Avril 1738.

L'Académie ayant entendu la lecture d'un Mémoire de M. de Vaucanſon, contenant la deſcription d'une Statue de bois, copiée ſur le Faune en marbre de Coyſevaux, qui joue de la Flute traverſiere, ſur laquelle elle exécute douze airs différens, avec une préciſion qui a mérité l'admiration du public , & dont une grande partie de l'Académie a été témoin ; elle a jugé que cette machine étoit extrémement ingénieuſe, que l'Auteur avoit ſçû employer des moyens ſimples & nouveaux, tant pour donner aux doigts de cette Figure, les mouvemens néceſſaires, que pour modifier le vent qui entre dans la Flute en augmentant ou diminuant ſa viteſſe, ſuivant les différens tons , en variant la diſpoſition des lévres, & faiſant mouvoir une ſoûpape qui fait les fonctions de la langue; enfin, en imitant par art tout ce que l'homme eſt obligé de faire ; & qu'outre cela , le Mémoire de M. de Vaucanſon avoit toute la clarté & la préciſion dont cette matiére eſt ſuſceptible : ce qui prouve l'intelligence de l'Auteur , & ſes grandes connoiſſances dans les différentes parties de Mécanique. En foi de quoi j'ai ſigné le préſent Certificat. A Paris, ce 3 Mai 1738.

FONTENELLE,

Sécret. perp. de l'Acad. Royale des Sciences.

LET-

LETTRE

De M. VAUCANSON, à M. l'Abbé D. F.

LEs nouveaux Automates, Monsieur, que je compte expo-
ser le Lundi de Pâques prochain, & ausquels sera joint
mon Flûteur, sont 1°. un Canard, dans lequel je représente le
mécanisme des viscéres destinés aux fonctions du boire, du
manger, & de la digestion; le jeu de toutes les parties nécessaires à ces actions y est exactement imité : il allonge son
cou pour aller prendre du grain dans la main, il l'avale, le
digere, & le rend par les voyes ordinaires tout digeré, tous
les gestes d'un Canard qui avale avec précipitation, & qui
redouble de vitesse dans le mouvement de son gosier, pour
faire passer son manger jusque dans l'estomac, y sont copiés
d'après nature : l'aliment y est digeré comme dans les vrais
animaux, par dissolution, & non par trituration, comme
le prétendent plusieurs Physiciens; mais c'est ce que je me
réserve à traiter & à faire voir dans l'occasion. La matiere
digerée dans l'estomac est conduite par des tuyaux, comme
dans l'animal par ses boyaux, jusqu'à l'anus, où il y a un
sphincter qui en permet la sortie.

Je ne prétens pas donner cette digestion pour une digestion
parfaite, capable de faire du sang & des parties nourricieres
pour l'entretien de l'animal; on auroit mauvaise grace, je
crois, à me faire ce reproche. Je ne prétend qu'imiter la
mécanique de cette action en trois choses, qui sont 1°. d'ava-
ler le grain; 2°. de le macérer, cuire ou dissoudre; 3°. de
le faire sortir dans un changement sensible.

Il a cépendant fallu des moyens pour les trois actions, &
les moyens mériteront peut être quelque attention de la part
de ceux qui demanderoient davantage. Ils verront les expé-
diens qu'on a employés pour faire prendre le grain au Canard

arti-

artificiel , le lui faire aspirer jusque dans son estomac , & là, dans un petit espace , construire un laboratoire chymique , pour en décomposer les principales parties intégrantes , & le faire sortir à volonté , par des circonvolutions de tuyaux , à une extrémité de son corps toute opposée.

Je ne crois pas que les Anatomistes ayent rien à désirer sur la construction de ses ailes. On a imité , os par os , toutes les éminences qu'ils appellent apophyses. Elles y sont réguliérement observées comme les differentes charnieres : les cavités , les courbes , les trois os qui composent l'aîle , y sont très-distincts. Le premier qui est l'homerus , a son mouvement de rotation en tout sens , avec l'os qui fait l'office d'omoplate ; le second os qui est le cubitus de l'aîle , a son mouvement avec l'homerus , par une charniere , que les Anatomistes appellent par-ginglime ; le troisiéme , qui est le radius, tourne dans une cavité de l'homerus , & est attaché par ses autres bouts aux petits os du bout de l'aîle , de même que dans l'animal. L'inspection de la machine fera mieux connoître l'imitation de la nature qu'un plus long détail , qui ressembleroit trop à une explication anatomique.

Pour faire connoître que les mouvemens de ces aîles ne ressemblent point à ceux qu'on voit dans les grands chefs-d'œuvres du Coq de l'Horloge de Lyon & de Strasbourg , toute la mécanique du Canard artificiel sera vûë à découvert , mon dessein étant plûtôt de démontrer , que de montrer simplement une machine. Peut-être que quelques Dames , ou des gens qui n'aiment que l'extérieur des animaux , auroient mieux aimé le voir tout couvert ; mais outre que cela m'a été demandé , je suis bien aise qu'on ne prenne pas le change , & qu'on voye tout l'ouvrage intérieur.

Je crois que les personnes attentives , sentiront la difficulté qu'il y a eu de faire faire à mon Automate tant de mouvemens differens ; comme lorsqu'il s'éléve sur ses pates , & qu'il porte son cou à droite & à gauche. Ils connoîtront tous les changemens des differens points d'appui ; ils verront même que ce qui servoit de point d'appui à une partie mobile , devient à son tour mobile sur cette partie , qui devient fixe à son tour ; enfin ils découvriront une infinité de combinaisons mécaniques.

Tou-

Toute cette machine joüe fans qu'on y touche , quand on l'a montée une fois.

· J'oubliois de vous dire , qué l'animal boit , barbotte dans l'eau , croaffe comme le Canard naturel. Enfin j'ai tâché de lui faire faire tous les geftes d'après ceux de l'animal vivant , que j'ai confideré avec attention.

Le fecond Automate , eft le Joüeur de tambourin , planté tout droit fur fon pied d'eftal , habillé en Berger danfeur , qui joüe une vingtaine d'airs , menuets , rigaudons ou contredanfes.

On croiroit d'abord que les difficultés ont été moindres qu'au *Flûteur* Automate ; mais fans vouloir élever l'un pour rabaiffer l'autre , je prie de faire réflexion qu'il s'agit de l'inftrument le plus ingrat , & le plus faux par lui-même ; qu'il a fallu faire articuler une flute à trois tous , où tous les trous dépendent du plus ou moins de force du vent , & de trous bouchés à moitié ; qu'il a fallu donner tous les vents différens , avec une viteffe que l'oreille a de la peine à fuivre , donner des coups de langue à chaque note , jufque dans les doubles croches , parce que cet inftrument n'eft point agréable autrement. L'Automate furpaffe en cela tous nos joüeurs de tambourin , qui ne peuvent remuer la langue avec affez de légereté , pour faire une méfure entiere de doubles croches , toutes articulées. Ils en coulent la moitié , & mon Tambourin joüe un air entier avec des coups de langue à chaque notte.

Quelle combinaifon de vents n'a t'il pas fallu trouver pour cet effet ? J'ai fait auffi des découvertes , dont on ne fe feroit jamais douté ; auroit-on cru que cette petite flutte eft un des inftrumens à vent qui fatiguent le plus la poitrine des joüeurs ?

Les mufcles de leur poitrine font un effort équivalent à un poids de 56 livres péfant puifqu'il me faut cette même force de vent , c'eft-à-dire , un vent pouffé par cette force ou cette péfanteur , pour former le *fi* d'en haut , qui eft la derniere note où cet inftrument puiffe s'étendre. Une once feule fait parler la premiere notte , qui eft le *mi*: jugés quelle divifion de vent il a fallu faire , pour parcourir toute l'étenduë du flageolet Provençal.

Ayant

Ayant si peu de positions de doigts differentes, on croiroit peut être qu'il n'a fallu de differents vents qu'autant qu'il y a de differentes notes: point du tout. Le vent qui fait parler, par exemple, le *ré* à la suite de l'*ut*, le manque absolument, quand le même *re* est à la suite du *mi* au-dessus, & ainsi des autres notes. Qu'on calcule, on verra qu'il m'a fallu le double de differents vents, sans compter les diéses, pour lesquels il faut toûjours un vent particulier ; je vous avoüerai de bonne-foi, que je suis moi-même étonné de le voir joüer avec une combinaison si variée, & j'ai été plus d'une fois prêt à désespérer de la réussité ; mais le courage & la patience ont eu la victoire.

Ce n'est pas le tout ce flageolet n'occupe qu'une main ; l'Automate tient de l'autre une baguette, avec laquelle il bat du tambour de Marseille. Coups simples & doubles, roulemens variés à tous les airs, & accompagnant en mesure les mêmes airs qu'il joüe avec son flageolet de l'autre main. Ce mouvement n'est pas un des plus aisés de la machine. Il est question de frapper tantôt plus fort, tantôt plus vîte, & de donner toujours un coup sec, pour tirer du son du tambour. Cette mécanique consiste dans une combinaison infinie de leviers & de ressorts différens, tous mus avec assez de justesse pour suivre l'air ; ce qui seroit trop long à détailler. Enfin cette machine a quelque ressemblance avec celle du Flûteur ; mais elle a des moyens biens differens.

Appro-

Approbation du Censur Royal.

J'AY lû par ordre de Monseigneur le Chancelier , un Manuf-
crit intitulé : *Mécanisme du Fluteur Automate* , *presenté à
Messieurs de l'Académie Royale des Sciences* , *par M. Vaucanson*,
Auteur de cette Machine. M Vaucanson, expose dans son Mémoire les principes Phisiques qu'il a employés pour l'invention
& l'exécution de son Automate , qui est une des plus mer-
veilleuses productions de l'art ; il imite si parfaitement le vrai
Joueur de Flute , que le Public continue de le voir & de l'entendre avec admiration ; ainsi , nous croyons que l'impres-
sion du Mémoire de M. Vaucanson sera très - utile pour satis-
faire pleinement la curiosité du Public. Fait à Paris ce
11 Juin 1738.

H. PITOT.

ABSTRACT

We discuss and analyze issues related to the design of pseudorandom number generators (prn's) for MIMD (multiple instruction stream/multiple data stream) parallel processors, which are very well suited for Monte Carlo calculations We are concerned to ensure reproducibility of runs, to provide very long sequences, and to assure an adequate degree of independence of the parallel streams We consider the class of linear congruential generators

$$x_{n+1,i} = ax_{n,i} + b_i \mod m$$

and analyze the effect that different choices of b_i have on the correlation properties between such streams We derive a spectral test ν_t for t parallel linear congruential generators, a modification of Knuth's Algorithm S From this, we prove a good lower bound for $\nu_2^* = \min_{\text{all pairs}(i,j)} \nu_2(i,j)$ for certain choices of b_i's The set of the largest r primes p_i, $i=1, \ldots, r$ satisfying $p_i < \sqrt{m/2}$, where m is the period length of each generator gives a lower bound $O(m^{\frac{1}{2}})$ to the correlation between a pair of corresponding elements in any two streams An alternative choice, $b_i = d^i \mod m$ for $d = m^{\frac{1}{2}} + 1$ gives a bound $O(m^{\frac{1}{2}}/(t-1))$ which will be satisfactory for small numbers of streams Finally, we construct a spectral test for correlations between $x_{n,i}$ and $\lambda_{n+k,i+l}$, but derive no analytic prescriptions from it

1. Introduction

Designing pseudorandom number generators for current and future parallel processors presents interesting new challenges We are interested in generators for the class of machines called MIMD (multiple instruction stream/multiple data stream) in which a number of processors are capable of essentially independent computations Such architectures are very well suited for Monte Carlo calculations, since potentially independent realizations or "histories" may be followed on each processor They are much more suitable than the current generation of "vector" supercomputers for those Monte Carlo calculations with substantial logical complexity, i e , those with data-dependent or random number determined branches One example of an MIMD architecture is the NYU Ultracomputer, this is a projected architecture that will be scaleable up to thousands of processors with features that make it attractive for Monte Carlo calculations of all kinds The issues discussed in this paper are applicable to other parallel machines as well, including existing vector-parallel machines (such as the various Crays, multi-pipe Cyber 205s, and the projected ETA 10, the IBM 3094-400, and various hypercube machines [1]) Nevertheless, the emphasis will be on problems associated with very large numbers of processors

The new problems posed by parallel computing are the following for asynchronous and multiprogrammed machines special care is needed to ensure reproducibility of runs, very long sequences may be necessary, finally, attention to the independence of the parallel streams used on different processors is required

In what follows we distinguish between the computational "processes" and the physical computers of which the ensemble is made This is necessary because in the class of architectures that we consider, there is no predictable mapping of processes to processors

To simplify somewhat, two approaches can be considered for the generation of pseudorandom sequences either one (or a few) processes are dedicated to generating the numbers and other processes consume their output, or else each process generates its own The first is less desirable from several points of view It may be difficult to balance the speed of consumption and production, it may be difficult to communicate the sequences from producers to consumers Above all, if there is any degree of asynchronism, the pattern of assignment of random numbers to processes may not be reproducible from one run to another

It has been argued that reproducibility is not necessary for Monte Carlo calculations After all, if the results are not predictable, what is bad about the trivial additional feature of non-reproducibility from run to identical run? Put another way, if the results are meaningful only within some statistical error bound, why be concerned whether a run can be exactly repeated? One answer, at least for that large class of problems that have the property of logical complexity mentioned above, is that the potential for exact reproducibility is extremely helpful (probably essential) for debugging The logical errors that often occur in such programs are difficult to isolate if the run cannot be exactly retraced An additional advantage of exact reproducibility is that it enhances confidence in the validity of a ported program It is possible to program these algorithms in a style that produces the same results on machines of different sizes, even on machines in which the number of processors available to a specific calculation varies unpredictably during the course of the run It is necessary, of course, that the initial state of the computation (including the parameters of the generators) can be set to be the same in alternative runs This requirement of reproducibility puts an additional restriction on the class of random number generators that may be used We assert that it is a desirable feature and we shall see that it can be satisfied

Another issue arises from the consideration of Monte Carlo calculations that simulate branching processes or in which branching processes are used as a technical device Natural stochastic processes include the creation and destruction of particles and radiation (in cascades of high-energy particles, and in nuclear fission, to cite two significant examples) The straightforward simulation of such phenomena leads to programs in which the one random walker may become two or more, each of which must be followed, essentially independently In addition, effective Monte Carlo treatment of some problems leads naturally to the use of branching processes (e g in Green's function Monte Carlo [2]) Importance sampling of low probability events is often accomplished in part by the use of branching For example, in the calculation of the passage of radiation through thick media, the techniques called "splitting" and "Russian Roulette", colorful names for the birth and death of random walkers, are used to enhance the chance that some walker will survive through the medium while at the same time assuring an unbiassed estimate of any property of the emerging radiation [3] Finally, we note that Fredricksen et al [4] cite several examples where calculations are more reproducible or where perturbations can be calculated more precisely when branches are inserted in the "natural" flow of the simulation

On parallel computers, an important consideration that makes for efficient utilization of all processors is "load balancing " That is the body of techniques that guarantee that all processors carry out approximately equal work In calculations in which branching processes appear, load balancing is likely to require that multiple random walkers that descend from some parent be simulated on processors other than the one that simulated the parent Then, reproducibility of the calculation cannot be assured if the random number generators are associated with the physical processors This is also true when the numbers of processors varies out of the program's control and the simulations migrate from processor to processor

The necessary alternative is that random number generation be associated with the simulation processes (in the jargon of parallel computing, with the computational processes or "threads of control"), that they migrate with the simulation to other processors, and that new generators be created as often as necessary In particular, for branching walks, a new sequence should be created for each descendent random walker that may migrate to other processors This was first pointed out by Zhong and Kalos [5] and leads to the concept of a pseudorandom tree, in which one generator is used for "intra-process" random numbers, another for initialization of these new streams We suggest that is it better to think of the whole calculation to be mapped onto a tree, each node of which is associated with the initiation of a new stream The streams are not necessarily a part of the tree A "conventional" parallel Monte Carlo in which one stream is associated with each of several or many processes, but in which no new streams are created later, will use only the left successors of the root

Computers of these kinds will be used for very large calculations that will require very large aggregate numbers of random variables A standard pseudorandom sequence may be adequate for each process It will be best if each sequence can be guaranteed to have no subsequence in common with any other (or at least that overlapping sequences should be very rare) Thus it will be impractical simply to use subsequences of consecutive elements of a single congruential generator unless its period is very long indeed

The sequences will also have to be independent enough so that the parallel replications of the calculation reduce the Monte Carlo variance by the number of such replicas If, for example, one process used a long sequence in common with another in exactly the same way, the additional computation (producing exactly the same results) would not reduce the variance The "efficiency" of the parallel computation would be reduced A more likely, although more subtle, problem arises if there is some statistical correlation among members of different streams We must consider the issue of providing thousands (possibly many more in the case of branching) of sequences that are independent in this sense

Fredrickson et al [4] have proposed a specific way to construct pseudorandom trees, which results in what they call a "Lehmer tree" Congruential generators are used for both branches Starting with x_0, the root of the tree, every element has a left branch and right branch that are calculated as follows

$$x_L = a_L x + b_L \bmod m$$

$$x_R = a_R x + b_R \bmod m$$

The constants a_L, a_R, b_L, b_R and m determine the tree. The right successors are used within a process New parallel sequences are seeded from the left successor Thus, the constants a_L, b_L must be chosen to satisfy the criteria for a good multiplicative congruential generator However, because all the right sequences use the same parameters except the seed, they are subsequences of a single generator The authors proved a necessary condition for non-overlapping of these subsequences But the total number of entries is at most the original period Unless a very long period is used (which will require multiprecision arithmetic on current machines) the sequences will not be long enough when very many branches of the tree are encountered This is the case with which we are concerned here

Alternative methods are known that give very long sequences Tausworthe generators [6,7] suggest themselves Unfortunately, they are difficult to initialize so that it is not clear how to provide very many independent sequences Furthermore, in preparing for the migration of processes, the entire list that specifies the state of the generator must be copied

Composite generators proposed by Marsaglia [8] will also yield long sequences The state is normally shorter than that in a typical Tausworthe generator, but again the theory for obtaining independent sequences is not available

This paper explores a simple proposal for the generation of pseudorandom trees, namely that a new sequence to be used within a process differ from its parallel siblings simply in using a different additive constant Our investigations began with the observation that changing the constant guarantees that the original sequence be completely reordered, so that overlapping sequences cannot occur This is a very simple algorithm, which satisfies all the practical requirements that we have set, providing that some measure of the independence can be assured

We explore the issue of independence, propose several pragmatic solutions Preliminary testing (to be described elsewhere) supports the claim that they are satisfactorily independent for many purposes

In section 2, we derive the spectral test v_t for t parallel linear congruential generators v_t is a measure of the largest wave numbers or smallest scale of resolution, at which the points generated in the t-dimensional space can be regarded as uniform Thus large v_t indicates a high degree of randomness The t linear congruential generators use the same multiplicative constant and have t different additive constants b_i, $i=1$, ,t The new spectral test turns out to be a modification of Knuth's [9] Algorithm **S** Section 3 deals with the variance reduction problem in its simplest form, namely for a function of one variable, to demonstrate the need to choose the $b_i's$ ($i=1$, ,t), such that all $\binom{t}{2}$ pairs of a t-component pseudorandom vector satisfy the spectral test In section 4, we prove our basic theorem, which provides a good lower bound for $v_2^* = \min_{\text{all pairs}(i,j)} v_2(i,j)$ for certain choices of b_i's and we then proceed by suggesting concrete methods for choosing the t different b_i's One is that of choosing the set of the largest t primes p_i, $i = 1, \ldots, t$ satisfying $p_i < \sqrt{m/2}$, where m is the period length of each generator Section 5 gives bounds for multiplets, for b_i's satisfying certain conditions, whereas section 6 deals with a very simple specific choice, $b_i = d^i \bmod m$ for $d = \sqrt{m} + 1$ This power method, though very convenient computationally, becomes inferior when t is large, as seen from the comparison we have presented Further related results are given in section 7

2. The Spectral Test for Parallel Generators

We here derive a modification of Algorithm S (see [10]) which tests the resolution at which vectors of prn's coming from similar chains, modified only by different additive constants, can be regarded as uniformly distributed We assume throughout that we already have a "good multiplier" a, so that each sequence, when considered by itself, passes the spectral tests This assumption will, however, not play any direct role in our discussion Consider

$$x_{n+1,\iota} \equiv a x_{n,\iota} + b_\iota \mod m \qquad (2\ 1)$$

$\iota = 1, \quad ,t$, b_ι odd, $m = 2^\beta$, a a good multiplier and assume that each sequence has maximum period (ι e $a \mod 4 = 1$) so that all values 0, , m-1 occur

Then

$$x_{n,\iota} \equiv x_{0,\iota} + \gamma_\iota \frac{a^n - 1}{a-1} \mod m \qquad (2\ 2)$$

where

$$\gamma_\iota \equiv b_\iota + (a - 1) x_{0,\iota} \quad \iota = 1, \quad ,t \qquad (2\ 3)$$

Since γ_ι is relatively prime to m, γ_ι^{-1} is a unique integer mod m and, therefore, we can write

$$x_{n,J} \equiv \gamma_1^{-1} \gamma_J x_{n,1} + (x_{0,J} - \gamma_1^{-1} \gamma_J x_{0,1}) \mod m \qquad (2\ 4)$$

For any integers s_1, , s_t , then

$$\sum_{J=1}^{t} s_J x_{n,J} \equiv \gamma_1^{-1} x_{n,1} \sum_{J=1}^{t} s_J \gamma_J + \sum_{J=1}^{t} s_J (x_{0,J} - \gamma_1^{-1} \gamma_J x_{0,1}) \mod m$$

$$\equiv \gamma_1^{-1} x_{n,1} \sum_{J=1}^{t} s_J \gamma_J + C \mod m \qquad (2\ 5)$$

where $C \equiv \sum_{J=1}^{t} s_J (x_{0,J} - \gamma_1^{-1} \gamma_J x_{0,1}) \mod m$ is a constant with respect to n

Consider the t dimensional discrete vector space V where each coordinate axis is of length m, ι e $V = \{\vec{x}\}$, $\vec{x} = (x_1, \quad ,x_t)$, and x_ι can assume any of the m values 0, 1, , $m-1$ One can define a probability measure $g(\vec{x})$ for all $\vec{x}$ in V If the vectors are uniformly distributed, then

$$g(\bar{x}) = \frac{1}{m^t}$$

Now, for any integers $(s_1, \ldots, s_t) \bmod m$, define

$$f(s_1, \ldots, s_t) = E\left(e^{-\frac{2\pi i}{m}\sum_{j=1}^{t} s_j x_j}\right)$$

therefore, here

$$f(s_1, \ldots, s_t) = \frac{1}{m^t} \sum_{\substack{\{x_j\} \\ j=1, \ldots, t}} e^{-\frac{2\pi i}{m}\sum_{j=1}^{t} s_j x_j}$$

$$= \frac{1}{m^t} \sum_{\substack{x_j=0 \\ j=1, \ldots, t}}^{m-1} e^{-\frac{2\pi i}{m}\sum_{j=1}^{t} s_j x_j}$$

$$= \frac{1}{m^t} \prod_{j=1}^{t} \sum_{x=0}^{m-1} e^{-\frac{2\pi i}{m} s_j x}$$

$$= \prod_{j=1}^{t} \delta_{0, s_j \bmod m}$$

For the sequence (2 1), we have instead

$$\bar{f}(s_1, \ldots, s_t) = \sum_{\bar{x} \in V} e^{-\frac{2\pi i}{m}\sum_{j=1}^{t} s_j x_j} \bar{g}(x_1, \ldots, x_t)$$

where

$$\bar{g}(x_1, \ldots, x_t) = \begin{cases} \dfrac{1}{m} & \text{if } \bar{x} \in \{\bar{x}_n, n=1, \ldots, m\} \\ 0 & \text{otherwise} \end{cases}$$

and $\bar{x}_n = (x_{n,1}, \ldots, x_{n,t})$, $x_{n,i}$ defined in (2 2)

Thus,

$$\bar{f}(s_1, \quad , s_t) = \frac{1}{m} \sum_{n=1}^{m} e^{-\frac{2\pi i}{m} \sum_{j=1}^{t} s_j x_{nj}},$$

or using (2 5)

$$\bar{f}(s_1, \quad , s_t) = e^{-\frac{2\pi i c}{m}} \frac{1}{m} \sum_{n=1}^{m} e^{-\frac{2\pi i}{m} \gamma_1^{-1} x_{n1} \sum_{j=1}^{t} s_j \gamma_j}$$

But, the set $\{x_{n,1}\}_{n=1}^{m}$ is equal to the set of integers $\{0, \quad , m-1\}$ Hence

$$\bar{f}(s_1, \quad , s_t) = e^{-\frac{2\pi i c}{m}} \sum_{x=0}^{m-1} e^{-\frac{2\pi i}{m} \gamma_1^{-1} x \sum_{j=1}^{t} s_j \gamma_j}$$

$$= e^{\frac{-2\pi i c}{m}} \delta_{0, \gamma_1^{-1} \sum_{j=1}^{t} s_j \gamma_j \bmod m}$$

or

$$|\bar{f}(s_1, \quad , s_t)| = \begin{cases} 1 & \text{if } \gamma_1^{-1} \sum_{j=1}^{t} s_j \gamma_j = 0 \bmod m \\ 0 & \text{otherwise} \end{cases}$$

The modified spectral test will then be

$$v_t = \min_{\substack{(s_1, \quad , s_t) \\ \neq (s_1, \quad , s_t) \neq (0 \quad 0)}} \left\{ \sqrt{s_1^2 + \quad + s_t^2} \,\middle|\, s_1 + \gamma_1^{-1} \gamma_2 s_2 + \quad + \gamma_1^{-1} \gamma_t s_t = 0 \bmod m \right\} \tag{2 6}$$

$2\pi v_t$ is the magnitude of the largest wave vector that is absent in a Fourier decomposition of the point distribution on the t-dimensional unit hypercube The distribution is therefore uniform at a resolution of $1/v_t$ compared to $1/m$ for the ideal distribution $g(\bar{x})$

(2 6) can be computed using Knuth's Algorithm S (see [10] p 98, cf 3 3 4), since his algorithm does not use the fact that the coefficients are powers of a

For a vector of t components and $m = 2^\beta$ (e g , $\beta = 48$) the highest accuracy with which uniformity can be achieved is β/t ($48/t$) bits (If all 2^{48} distinct points are distributed over the t-dimensional unit hypercube, with spacing 2^{-l}, then this implies $2^{48} = (2^l)^t$ or $l = 48/t$)

We will show later that not only can this uniformity be achieved for a 2 or 3 component pseudorandom vector but it can be achieved simultaneously for all $\binom{t}{2}$ pairs or $\binom{t}{3}$ triplets, respectively, chosen from a t component pseudorandom vector

3. The Spectral Test for Minimum Variance

In a frequent type of computation, the problem is how to choose the b_i's or $(\gamma_i's)$ $i=1,$ $,t$ such that all $\binom{t}{2}$ pairs $(x_{n,i}, x_{n,j})$ are uniformly distributed at high levels of accuracy. This problem arises in the following fashion

Given

$$x_{1,1}, x_{2,1}, \quad ,x_{n,1}, \quad ,x_{m,1} \text{ obtained by using } b_1$$

$$x_{i,t}, x_{2,t}, \quad ,x_{n,t}, \quad ,x_{m,t} \text{ obtained by using } b_t$$

Let $f_{(1)}$ be a random variable assuming the values for $f(x_{1,1}),\quad ,f(x_{m,1})$

$f_{(2)}$ be a random variable assuming the values for $f(x_{1,2}),\quad ,f(x_{m,2})$

.

.

$f_{(t)}$ be a random variable assuming the values for $f(x_{1,t}),\quad ,f(x_{m,t})$

Then

$$Var\left\{\sum_{j=1}^{t} f_{(i)}\right\} = \sum_{i=1}^{t} Var f_{(i)} + \sum_{i \neq j} cov(f_{(i)}, f_{(j)})$$

In order for the generators to behave independently, with respect to this computation, we require

$$cov(f_{(i)}, f_{(j)}) = 0 \quad \text{for all pairs } (i,j) \tag{3 1}$$

We will show now that (3 1) is reduced to a condition on the function f that depends on the values of $v_2(i,j)$ for all $\binom{t}{2}$ pairs for (i,j)

We can represent $f(x)$ as

$$f(x) = \sum_{l=0}^{m-1} f_l\, e^{\frac{2\pi i}{m} lx}$$

since $f(x)$ is a periodic function of period m For simplicity, let us consider the pair $(1,2)$ and compute $cov(f_{(1)}f_{(2)})$

$$cov(f_{(1)}f_{(2)}) = \frac{1}{m} \sum_{j} f(x_{j,1})f(x_{j,2}) - \frac{1}{m^2} \sum_{j} f(x_{j,1})f(x_{j,2})$$

$$= \frac{1}{m} \sum_{j,l,l'} f_l f_{l'} e^{\frac{2\pi i}{m}(lx_{j,1} + l'x_{j,2})} - \frac{1}{m^2} \sum_{\substack{l,l' \\ j,k}} f_l f_{l'} e^{\frac{2\pi i}{m}(lx_{j,1} + l'x_{k,2})}$$

but, since $x_{j,2} = \gamma_1^{-1}\gamma_2 x_{j,1} + c$ (see $(2\,4)$)

$$cov(f_{(1)}, f_{(2)}) = \frac{1}{m} \sum_{j,l,l'} f_l f_{l'} e^{\frac{2\pi i}{m}(lx_{j,1} + l'\gamma_1^{-1}\gamma_2 x_{j,1} + l'c)} - \frac{1}{m^2} \sum_{\substack{l,l' \\ j,k}} f_l f_{l'} e^{\frac{2\pi i}{m}(lx_{j,1} + l'x_{k,2})}$$

$$= \frac{1}{m} m \sum_{l,l'} f_l f_{l'} e^{\frac{2\pi i l'c}{m}} \delta_{0,(l+l'\gamma_1^{-1}\gamma_2) \bmod m} - f_0 f_0$$

or

$$cov(f_{(1)}f_{(2)}) = \sum_{\substack{l,l' \\ \ni (l,l') \neq (0,0)}} f_l f_{l'} e^{\frac{2\pi i}{m} l'c} \delta_{0,(l+l'\gamma_1^{-1}\gamma_2) \bmod m} \tag{3 2}$$

Define

$$\nu_2(1,2) = \min_{\substack{l,l' \\ \ni (l\,l') \neq (0\,0)}} \left\{ \sqrt{l^2+l'^2} \mid l+\gamma_1^{-1}\gamma_2 l' = 0 \bmod m \right\} \tag{3 3}$$

Consider any term on the r h s of $(3\,2)$ and choose $l = \max(|l|,|l'|)$

If $l < \frac{\nu_2(1,2)}{\sqrt{2}}$ then $l+l'\gamma_1^{-1}\gamma_2 \neq 0$, hence, $\delta_{0,(l+l'\gamma_1^{-1}\gamma_2) \bmod m} = 0$ But if $l \geq \frac{\nu_2(1,2)}{\sqrt{2}}$ then $\delta_{0,(l+l'\gamma_1^{-1}\gamma_2) \bmod m}$ is not necessarily zero and we therefore need to have $f_l = 0$ to satisfy $cov(f_{(1)}f_{(2)}) = 0$ in $(3\,2)$

We conclude, therefore, that

$$f(x) \equiv \sum_{l=\frac{-\nu_2}{\sqrt{2}}}^{\frac{\nu_2}{\sqrt{2}}} f_l e^{-\frac{2\pi i}{m} l x} \tag{3 4}$$

will satisfy (3 1)· only functions with frequency components $< \dfrac{\nu_2}{\sqrt{2}}$ are guaranteed to give $\sum_{\substack{i,j \\ i \neq j}} cov(f_{(i)}, f_{(j)}) = 0$ The ν_2 in (3 4) is now

$$\nu_2^{\bullet} = \min_{\substack{\text{all pairs } (i,j) \\ 1 \leq i < j \leq i}} \nu_2(i,j) \tag{3 5}$$

4. Basic Theorem

The above demonstrates the need to choose the t b_i's (or γ_i's) such that all $\binom{t}{2}$ pairs satisfy the spectral test, i e such that *all* pairs $(x_{n,i},x_{n,j})$ $i<j$ are uniformly distributed at the highest level of accuracy achievable This will be accomplished if v_2^* is of the order $m^{1/4}$

To accomplish this let us first consider the case that $x_{i,0} = 0$ for all $i = 1, \ldots, t$ Then from (2 3) $\gamma_i = b_i$ To choose the b_i's we rely on the following

Theorem 1

Let $b_i < m$, $b_j < m$ and g c d $(b_i,b_j) = 1$

Then

$$v_2^2(i,j) = b_i^2 + b_j^2 \qquad \text{if } b_i^2 + b_j^2 < m$$

and

$$v_2^2(i,j) \geq \frac{m^2}{b_i^2 + b_i^2} \qquad \text{if } b_i^2 + b_i^2 \geq m$$

Proof

$$v_2^2(i,j) = \min_{\substack{\ni(s_1,s_2) \\ (s_1,s_2) \neq (0,0)}} \left\{ s_1^2 + s_2^2 \mid s_1 b_i + s_2 b_j = 0 \bmod m \right\}$$

$s_1 b_i + s_2 b_j = 0 \bmod m$ is equivalent to

$$s_1 b_i + s_2 b_j = km \qquad k = integer \qquad (4\ 1)$$

Since $(b_i,b_j) = 1$, (4 1) is satisfied for $k=0$ by $|s_1| = \alpha |b_j|$, $|s_2| = \alpha |b_i|$ for α an integer whence

$$\min_{\substack{\ni(s_1,s_2) \\ (s_1,s_2) \neq (0,0) \& k=0}} \sqrt{s_1^2 + s_2^2} = \sqrt{b_i^2 + b_j^2}$$

If $k \neq 0$ $\sqrt{b_i^2 + b_j^2} \sqrt{s_1^2 + s_2^2} \geq |s_1 b_i + s_2 b_j| \geq m$ or

$$s_1^2 + s_2^2 \geq \frac{m^2}{b_i^2 + b_j^2}$$

QED

Corollary 1

If $\quad b_i < \sqrt{m/2}, \quad\quad b_j < \sqrt{m/2} \quad\quad\quad g\,c\,d\ (b_i,b_j) = 1$

Then $\quad\quad v_2^2(i,j) = b_i^2 + b_j^2$

Corollary 2

Let $\quad b_i = \alpha\sqrt{m}, \quad b_j = \beta\sqrt{m}, \quad\quad g\,c\,d\ (b_i,b_j) = 1$ and $\alpha^2 + \beta^2 < 1$

Then $\quad v_2^2(i,j) = (\alpha^2 + \beta^2)\, m$

Notice that **Theorem 1** can be easily generalized to the case $g\,c\,d\ (b_i,b_j) = c$ in which case, we obtain

$$v_2^2(i,j) = \frac{1}{c^2}(b_i^2 + b_j^2) \quad \text{if } b_i^2 + b_j^2 < mc^2$$

$$v_2^2(i,j) \geq \frac{m^2}{b_i^2 + b_j^2} \quad \text{if } b_i^2 + b_2 \geq m$$

For the case $x_{0,i} = 0 \quad i = 1, \quad ,t$ we can now take advantage of **Theorem 1** by choosing the t b_i's such that

$$b_i < \sqrt{m/2}$$

and $g\,c\,d\ (b_i,b_j) = 1$ for all pairs (i,j) $1 \leq i < j \leq t$ This can be accomplished in several ways e g

Let p_1 be the largest prime such that $p_1 < \sqrt{m/2}$

p_2 be the largest prime such that $p_2 < p_1$

p_t be the largest prime such that $p_t < p_{t-1}$

Choose $\quad\quad b_i = p_i \quad\quad i = 1, \quad\quad ,t$

Then

$$v_2^2(i,j) = b_i^2 + b_j^2$$

and

$$v_2^* = \sqrt{p_i^2 + p_{i-1}^2}$$

Another method is that of mixing primes of the order of $\sqrt{m/2}$ with powers of small primes e g $3^{\alpha_1}, 5^{\alpha_2}, 7^{\alpha_3}$, . etc such that $3^{\alpha_1}, 5^{\alpha_2}, 7^{\alpha_3}$, . are of the order of $\sqrt{m/2}$

Let us note that the restriction $x_{i,0} = 0$ $i = 1$, ,t is unnecessary If $x_{i,0} \neq 0$ for some i, then using (2 3) we get $\gamma_i = (a-1) x_{0,i} + b_i = rm + v_i$, r integer and we will choose b_j to guarantee that $v_i < \sqrt{m/2}$ and $g c d$ $(v_i, v_j) = 1$ for all $i \neq j$

5. Bounds for Multiplets

The problem of creating a uniform distribution for a single 2-vector can be generalized in another direction We will devise a method of choosing three b_i's such that

$$\nu_3^\bullet = 0(m^{1/3}),$$

of course, as explained in [10] (pages 90, 91) having a good lower bound for $\nu_3^\bullet$ does not imply a good lower bound on $\nu_2^\bullet$ Taking this warning into account, we now present the following result

Theorem 2

Let

$$x_{0,i} = 0^{(1)} \text{ for all } i \tag{5 1}$$

Define two finite sets of primes[2]

$$\text{Set I} = \left\{ p_i \quad p_i \text{ prime}, p_i = 0(m^{2/3}), \text{ and } p_i < m^{2/3} \right\}$$

$$\text{Set II} = \left\{ p_s \quad p_s \text{ prime}, p_s = 0(m^{1/3}), \text{ and } p_s < m^{1/3} \right\}$$

Then

$$\nu_2(1,2) \geq 0(m^{1/3}) \tag{5 2}$$

whenever b_1, b_2 are either members of the same set or of different sets

$$\nu_3(1,2,3) \geq 0(m^{1/3}) \tag{5 3}$$

whenever $b_1 \in \text{set I}$, $b_2, b_3 \in \text{set II}$

---

[1] Note that this assumption is not necessary and as before it is only used to simplify the statement of the Theorem and the proof.

[2] "prime" can be replaced by every pair of elements that belong to I $\bigcup$ II that have no common divisor

Corollary

$$\nu_2^* = 0(m^{1/3})$$

$$\nu_3^* = 0(m^{1/3})$$

whenever one of the $b's \in$ set I and the other two $b's \in$ set II

Proof of Theorem 2

To prove (5 2) let $b_i = \alpha_i m^{1/3}$ $\alpha_i < 1$ $i = 1,2$

Then by **Theorem 1**

$$\nu_2(1,2) = m^{1/3}\sqrt{\alpha_1^2 + \alpha_2^2}$$

Let

$$b_1 = \alpha_1 m^{1/3}, \quad b_2 = \alpha_3 m^{2/3} \qquad \alpha_i < 1 \quad i = 1,3$$

Then $\nu_2^2(1,2) \geq \dfrac{m^2}{\alpha_1^2 m^{2/3} + \alpha_3 m^{4/3}} \geq \dfrac{1}{\alpha_3^2} m^{2/3}$

or $\nu_2(1,2) \geq c_1 m^{1/3}$

Let $b_1 = \alpha_4 m^{2/3}, b_2 = \alpha_3 m^{2/3} \qquad \alpha_i < 1 \quad i = 3,4$

Then

$$\nu_2^2(1,2) \geq \frac{m^2}{(\alpha_3^2 + \alpha_4^2)m^{4/3}} = \frac{1}{\alpha_3^2 + \alpha_4^2} m^{2/3}$$

which proves (5 2)

To prove (5 3)

Let $b_1 = \beta_1 m^{2/3}, \quad b_2 = \beta_2 m^{1/3}, \quad b_3 = \beta_3 m^{1/3}$

where β_i are constants of order 1

$$\nu_3(1,2,3) = \min_{\substack{s_1,s_2,s_3 \\ \ni(s_1,s_2,s_3)=(0,0,0)}} \left\{ \sqrt{s_1^2 + s_2^2 + s_3^2} \,\middle|\, s_1 b_1 + s_2 b_2 + s_3 b_3 = 0 \bmod m \right\}$$

Since $s_1 b_1 + s_2 b_2 + s_3 b_3 = 0 \bmod m$, let $s_1 b_1 + s_2 b_2 + s_3 b_3 = km$

Case 1 $k = 0$, then

$$s_2 b_2 + s_3 b_3 = -s_1 b_1$$

If $s_1 \neq 0$ then $\left| s_2 b_2 + s_3 b_3 \right| \geq b_1$ and we get

$$\left| s_1^2 + s_2^2 + s_3^2 \right|^{1/2} \geq (s_2^2 + s_3^2)^{1/2} \geq \frac{b_1}{\sqrt{b_2^2 + b_3^2}} = \frac{\beta_1 m^{2/3}}{m^{1/3}\sqrt{\beta_2^2 + \beta_3^2}}$$

or $\nu_3(1,2,3) \geq c_1 m^{1/3}$ where $c_1 = \dfrac{\beta_1}{\sqrt{b_2^2 + \beta_3^2}}$

If $s_1 = 0$ then using **Theorem 1**, $\nu_3(1,2,3) = \sqrt{\beta_2^2 + \beta_3^2}\; m^{1/3}$

Case 2 $k \neq 0$,   then

$$(s_1^2 + s_2^2 + s_3^2)^{1/2} (b_1^2 + b_2^2 + b_3^2)^{1/2} \geq \left| s_1 b_1 + s_2 b_2 + s_3 b_3 \right| \geq m$$

or

$$\nu_3(1,2,3) \geq \frac{m}{\sqrt{\beta_1^2 m^{4/3} + \beta_2^2 m^{2/3} + \beta_3^2 m^{2/3}}} > \frac{1}{\beta_1} m^{1/3}$$

This completes the proof of the Theorem

Theorem 2 can be generalized to higher spectral tests in the following way

Let

$$b_1 = \beta_1 m^{1/4}, \; b_2 = \beta_2 m^{1/4}, \; b_3 = \beta_3 m^{1/2}, \; b_4 = \beta_4 m^{3/4}$$

where $g\,c\,d\,(b_i, b_j) = 1$ for all $i \neq j$ and $\beta_i\, i = 1,$ $,4$ are constants such that
$\beta_i < 1$

Then

$$\nu_2(i,j) \geq 0(m^{1/4})$$

$$\nu_3(i,j,k) \geq 0(m^{1/4})$$

$$\nu_4(1,2,3,4) \geq 0(m^{1/4})$$

For the case $b_1 = \beta_1 m^{1/5}$, $b_2 = \beta_2 m^{1/5}$, $b_3 = \beta_3 m^{2/5}$, $b_4 = \beta_4 m^{3/5}$, $b_5 = \beta_5 m^{4/5}$ satisfying the conditions $g\,c\,d\ (b_i, b_j) = 1$ for all $i \neq j$, $\beta_j < 1$ constants, $i,j = 1,\ \ ,5$ we get

$$v_2(i,j) \geq 0(m^{1/5})$$

$$v_3(i,j,k) \geq 0(m^{1/5})$$

$$v_4(i,j,k,l) \geq 0(m^{1/5})$$

$$v_5(1,2,3,4,5) \geq 0(m^{1/5})$$

6. Method of Successive Powers

Our method of choosing primes may sometimes present certain inconveniences, such as computing and storing our necessary lists of primes and retrieving them in a reproducible way in parallel. It would be valuable, therefore, to consider a selection of γ_i's that reduces the computation of v_t to a previously solved problem.

The method now suggested for producing a large value of v_t where $m = 2^\beta$ is to choose

$$\gamma_i = d^{i-1} \bmod m \quad \text{for } i = 1, 2, \quad , t \tag{6 1}$$

where d is odd

Then

$$v_t = \min_{\substack{(s_1, \quad , s_t) \\ \ni (s_1 \quad s_t) \neq (0, \quad 0)}} \left\{ \sqrt{s_1^2 + \quad + s_t^2} \mid s_1 + ds_2 + \quad + d^{t-1}s_t = 0 \bmod m \right\}$$

and in particular

$$v_2(i,j) = \min_{\substack{(s_i, s_j) \\ \ni (s_i, s_j) \neq (0,0)}} \left\{ \sqrt{s_i^2 + s_j^2} \mid s_i d^{i-1} + s_j d^{j-1} = 0 \bmod m \right\}$$

Assuming w l o g $i < j$ then

$$v_2(i,j) = \min_{\substack{(s_i, s_j) \\ \ni (s_i, s_j) \neq (0,0)}} \left\{ \sqrt{s_i^2 + s_j^2} \mid s_i + s_j d^{j-i} = 0 \bmod m \right\}$$

We are looking for

$$v_2^* = \min_{\substack{(i,j) \\ 1 \le i < j \le t}} v_2(i,j)$$

Let $d = \sqrt{m} + 1$, then for every integer p

$$d^p = p\sqrt{m} + 1 \bmod m \qquad \text{(this assumes } m = 2^\beta \text{ with } \beta \text{ even)}$$

or

$$v_2(\imath,\jmath) = \min_{\substack{(s_\imath,s_\jmath) \\ \geq (s_\imath,s_\jmath) \neq (0,0)}} \left\{ \sqrt{s_\imath^2 + s_\jmath^2} \,\Big|\, s_\imath + s_\jmath \left[(\jmath-\imath)\sqrt{m} + 1 \right] = 0 \bmod m \right\}$$

Using **Theorem 1** we get

$$v_2^2(\imath,\jmath) \geq \frac{m^2}{1 + \left[(\jmath-\imath)\sqrt{m} + 1 \right]^2}$$

Hence for all pairs $(\imath,\jmath)$ $\quad v_2^2(\imath,\jmath) \geq \dfrac{m^2}{1 + \left[(t-1)\sqrt{m} + 1 \right]^2}$ $\quad$ with a lower bound for $v_\imath^{\bullet}$

of the order of $\dfrac{\sqrt{m}}{t-1}$

Consider next a lower bound on $v_3^{\bullet}$ Since

$$v_3^{\bullet} \leq 2^{1/6} m^{1/3}$$

we would like to ensure a lower bound again of the order of $m^{1/3}$

Let $\qquad d = m^{1/3} + 1$

Then for every integer p

$$d^p = \binom{p}{2} m^{2/3} + pm^{1/3} + 1 \bmod m$$

The condition

$$s_1 + s_2 d^{\jmath-\imath} + s_3 d^{k-\imath} \equiv 0 \bmod m$$

$(1 \leq \imath < \jmath < k \leq t)$ is replaced by

$$s_1 + s_2 + s_3 + \left[s_2(\jmath-\imath) + s_3(k-\imath) \right] m^{1/3} + \left[s_2 \binom{\jmath-\imath}{2} + s_3 \binom{k-\imath}{2} \right] m^{2/3} = lm \qquad (6\ 2)$$

l an integer Hence it follows that

$$s_1 + s_2 + s_3 = \alpha m^{1/3}$$

If $\alpha \neq 0$ $\qquad$ then $\qquad s_1^2 + s_2^2 + s_3^2 \geq \dfrac{m^{2/3}}{3}$ $\qquad$ by the Schwartz inequality

If $\alpha = 0$ $\qquad$ this implies

$$s_2(j-i) + s_3(k-i) = \beta m^{1/3}$$

If $\beta \neq 0$ this relation (again with Schwartz inequality) implies

$$s_1^2 + s_2^2 + s_3^2 \geq s_2^2 + s_3^2 \geq \frac{m^{2/3}}{(j-i)^2 + (k-i)^2} \geq \frac{m^{2/3}}{2(i-1)^2}$$

We are therefore left with the case $\alpha = \beta = 0$, but $\beta = 0$ implies

$$s_2 = -s_3 \frac{(k-i)}{(j-i)}$$

and (6 2) implies

$$s_3\left[\binom{k-i}{2} - \frac{k-i}{j-i}\binom{j-i}{2}\right] m^{2/3} = lm \qquad (6\ 3)$$

But since $(s_1, s_2, s_3) \neq (0,0,0)$, equation (6 3) implies

$$|s_3| \geq \frac{m^{1/3}}{(k-i)\left[\frac{k-i-1}{2} - \frac{j-i-1}{2}\right]} = \frac{2m^{1/3}}{(k-i)(k-j)}$$

$$|s_2| \geq \frac{2m^{1/3}}{(k-j)(j-i)}$$

or

$$s_1^2 + s_2^2 + s_3^2 \geq \frac{4m^{2/3}}{(i-1)^2}$$

hence

$$\dot{v}_3 \geq \sqrt{m^{1/3}/2(i-1)^2} = m^{1/3}/(i-1)\sqrt{2}$$

and

$$\dot{v}_2 \geq \dot{v}_3$$

i e by choosing $d = m^{1/3} + 1$ (to be an integer $\beta = 3l$) we can guarantee lower bounds of order $m^{1/3}/i$ for both $\dot{v}_2$ and $\dot{v}_3$ Our previous method using primes gave lower bounds independent of i

Comparison

	Prime Method	d-Method
Lower bound for v_2^*	$\sqrt{p_t^2 + p_{t-1}^2} \sim O\left(m^{1/2}\right)$	$m^*/(t-1)$
Lower bound for (v_2^*, v_3^*)	$\left(O(m^{1/3}), O(m^{1/3})\right)$	$\left(O(m^{1/3}/t), O(m^{1/3}/t)\right)$

Example $m = 2^{48}$, $t = 6134$ processors[3]

Lower bound for v_2^*	$1\ 4 \times 10^7$	2736

---

[3] There are 6134 primes between $9\ 9 \times 10^6$ and 10×10^6 (see Hardy & Wright [11])

7. Further Results

The problem we have discussed, constructing a spectral test for the pairs $(x_{n,i}, x_{n,j})$ to be uniformly distributed and choosing the additive constants b_i such that v_2^* will be sufficiently large, was motivated by our special interest in minimizing the variance. Using a similar technique we can construct a test for pairs of the form $(x_{n,i}, x_{r+k,i+l})$. Using (2 2)

$$x_{n,i} = x_{0,i} + \gamma_i \frac{a^n - 1}{a - 1} \mod m$$

$$x_{n+k,i+l} = x_{0,i+l} + \gamma_{i+l} \frac{a^{n+k} - 1}{a - 1} \mod m$$

where

$$\gamma_{i+r} = b_{i+r} + (a-1)x_{0,i+r} \qquad \text{for } r \text{ integer}$$

Therefore

$$x_{n+k,i+l} = \gamma_i^{-1} \gamma_{i+l} a^k x_{n,i} + \text{constant}$$

Using now the method that led to (2 6) we get the two dimensional spectral test $v_2^{(k)}(i, i+l)$ to be

$$v_2^{(k)}(i, i+l) = \min_{\substack{s_1, s_2 \\ \ni (s_1, s_2) \neq (0,0)}} \left\{ \sqrt{s_1^2 + s_2^2} \mid s_1 + \gamma_i^{-1} \gamma_{i+l} a^k s_2 = 0 \mod m \right\}$$

and as in (2 6) can be computed using Algorithm S

A natural generalization is to consider triplets either of the form $(x_{n,i}, x_{n,j}, x_{n,k})$

or of the general form $(x_{n,i}, x_{n+k,i+l}, x_{n+k+s,i-l+r})$

As before

$$x_{n,i} = x_{0,i} + \gamma_i \frac{a^n - 1}{a - 1} \mod m$$

$$x_{n+k,i+l} = x_{0,i+l} + \gamma_{i+l} \frac{a^{n+k}}{a-1} \mod m$$

$$x_{n+k+s,i+l+r} = x_{0,i+l+s} + \gamma_{i+l+r} \frac{a^{n+k+s} - 1}{a - 1} \mod m$$

$$x_{n+k,i+l} = \gamma_i^{-1} \gamma_{i+l} a^k x_{n,i} + c_1$$

$$x_{n+k+s,i+l+r} = \gamma_i^{-1} \gamma_{i+l+r} a^{k+s} x_{n,i} + c_2$$

c_1 and c_2 are constants, and the spectral test $\nu_3^{(k,s)}(i,i+l,i+l+r)$ will be of the form

$$\nu_3^{(k,s)}(i,i+l,i+l+r) = \min_{\substack{(s_1,s_2,s_3) \\ \ni (s_1,s_2,s_3) \neq (0\,0\,0)}} \left\{ \sqrt{s_1^2 + s_2^2 + s_3^2} \mid s_1 + \gamma_i^{-1}\gamma_{i+l}a^k s_2 + \gamma_i^{-1}\gamma_{i+l+r}a^{k+s}s_3 \equiv 0 \mod m \right\}$$

8. Conclusions

It is gratifying to have methods that produce good lower bounds on v_2 for all pairs in a large ensemble of parallel streams. The use of prime b_i yields a bound $v_2^* = O(m^{1/2})$ which is satisfactory for many calculations. The very convenient method of finding b_i from $\gamma_i = d^{i-1}$ yields good bounds $O(m^*/(t-1))$ for small numbers of streams, say up to 100. If the number of streams can be set in advance (e q one for each of a fixed number of processes), then each can be assigned its unique prime or its unique γ_i.

For the case discussed in the Introduction where an indefinite number of streams may be invoked, as in the general random walk with branching, where the computational load may be shared unpredictably, and where reproducibility of results is required, a technical problem remains how are primes or powers of d assigned to processes? We do not understand how to do that and ensure that the same b is not used twice. But if one accepts using b's twice with very small probability, the quality of the calculation remains high. Several schemes are possible. When one initiates a new stream, one can "hash" the x and b from the parent stream to an integer which points into a large table of primes. That is, the state of the parent is used to give any entry in the table with equal chance. If one used either b or x alone, then the new streams would have a simple relation to the old. For example, if we use b alone, then all streams whose position on the tree of streams involves a fixed number of left steps will have the same b. If one uses x alone, then every stream started with a particular x (admittedly rare) will be exactly the same stream. Picking γ (instead of b) also serves to mix x and b.

We should also point out that we have been using, with seeming success, a completely *ad hoc* scheme in this style for generating new streams. It is

$$b_{j+1} = (a_b b_j + c_b \bmod m) \oplus x$$

a_b and b_b are derived from a different widely used generator. The exclusive or ($\oplus$) operation is used simply to mix the x part of the state and so avoid the predictable use of identical b's as discussed above. We have tested this generator in several ways. The most notable is in a simple soluble branching random walk. As discussed in the introduction, descendent walkers were assigned new random streams. Eight moments of the distribution of walkers were calculated correctly, a pragmatic and stringent test of the independence of different streams.

Nevertheless, we regard our analytic results as important, if only as a beginning for a theory of parallel generators We hope, in the future, to provide some bounds on correlations between $x_{i,j}$ and $x_{i+m,j+n}$ and in so doing to put our proposals on a still more satisfactory basis It would also be good to have similar theory and bounds for parallel versions of other generators such as Tausworthe, additive Fibonacci and composite generators

Finally, we note that these methods can also be used to improve the quality of purely sequential generators It is well known (or ought to be) that linear congruential generators that use powers of two as a modulus have strong sequential correlations between any entry and a successor delayed by a (moderately large) power of two In our testing, we have verified that such a correlation is serious for delays of 1024 and larger There are cases of errors in Monte Carlo calculations in which exactly such numbers of variables are used repeatedly in a fixed pattern A simple cure is to change the additive constant using the prescriptions given here

9. Acknowledgement

We wish to thank J K Percus whose many contributions and constant criticism were invaluable, A D Sokal for participating in many stimulating discussions on these problems and A Lapidus for interesting conversations and numerical studies

References

[1] J J Dongara, Ed , *Experimental Parallel Computing Architectures*, In press North-Holland

[2] D M Ceperley and M H Kalos Quantum Many-Body Problems, *Monte Carlo Methods in Statistical Physics*, Vol 1, K Binder, Ed , Springer-Verlag, Berlin, 1979

[3] M H Kalos and P A Whitlock *Monte Carlo Methods, Volume I Basics*, John Wiley & Sons, New York, 1986

[4] P. Frederickson, R Hiromoto, T L Jordon, B Smith, and T Warnoek "Pseudo-random trees in Monte Carlo", *Parallel Computing* , Vol 1, 175, 1984

[5] Y -Q Zhong and M H Kalos "Monte Carlo Transport Calculations on an Ultracomputer", Ultracomputer Note #46, CIMS, New York University, 251 Mercer Street, New York, NY 10012

[6] R C Tausworthe Random numbers generated by linear recurrence modulo two, *Math Comp* 19, 201, 1965

[7] H Niederreiter Statistical tests for Tausworthe pseudo-random numbers, *Probability and Statistical Inference*, W Grossman et al , Eds , Reidel, Dordrecht, 1982

[8] G Marsaglia "A Current View of Random Number Generators", Keynote Address, *Computer Science and Statistics* XVI Symposium on the Interface, Atlanta, 1984

[9] D E Knuth "The art of computer programming", Vol 2 *Seminumerical Algorithms*, Addison-Wesley, 1969

[10] D E Knuth "The art of computer programming", Vol 2 *Seminumerical Algorithms* 2nd Ed , Addison-Wesley, 1981

[11] G H Hardy and E M Wright "The theory of numbers", 4th Ed Clarendon Press, Oxford, 1960

www.ingramcontent.com/pod-product-compliance
Lightning Source LLC
LaVergne TN
LVHW012201040326
832903LV00003B/43